JOURNAL ASIATIQUE

OU

RECUEIL DE MÉMOIRES

D'EXTRAITS ET DE NOTICES

RELATIFS À L'HISTOIRE, À LA PHILOSOPHIE, AUX LANGUES
ET À LA LITTÉRATURE DES PEUPLES ORIENTAUX

RAPPORT

SUR

LES ÉTUDES BERBÈRES ET HAOUSSA

(1897-1902)

PAR M. RENÉ BASSET

CORRESPONDANT DE L'INSTITUT
DIRECTEUR DE L'ÉCOLE SUPÉRIEURE DES LETTRES D'ALGER

(EXTRAIT DU NUMÉRO DE SEPTEMBRE-OCTOBRE 1902)

PARIS

IMPRIMERIE NATIONALE

MDCCCCII

RAPPORT

SUR

LES ÉTUDES BERBÈRES ET HAOUSSA

(1897-1902)

PRÉSENTÉ

AU XIIIe CONGRÈS DES ORIENTALISTES

À HAMBOURG

RAPPORT

SUR

LES ÉTUDES BERBÈRES ET HAOUSSA

(1897-1902)

PRÉSENTÉ

AU XIIIe CONGRÈS DES ORIENTALISTES

À HAMBOURG

PAR M. RENÉ BASSET

CORRESPONDANT DE L'INSTITUT

DIRECTEUR DE L'ÉCOLE SUPÉRIEURE DES LETTRES D'ALGER

EXTRAIT DU JOURNAL ASIATIQUE

PARIS

IMPRIMERIE NATIONALE

MDCCCCII

RAPPORT

SUR

LES ÉTUDES BERBÈRES ET HAOUSSA,

(1897-1902)

PRÉSENTÉ

AU XIIIe CONGRÈS DES ORIENTALISTES,

À HAMBOURG.

§ I.

Avant de passer en revue pour la troisième fois les travaux dont la langue berbère a été l'objet, je suis heureux de constater de nouveau que pendant les cinq dernières années qui se sont écoulées depuis mon dernier rapport, de nouveaux progrès ont été faits sur ce domaine encore presque en friche il y a un demi-siècle. Successivement de nouveaux dialectes sont signalés; d'autres, qui l'étaient à peine, sont étudiés; enfin la connaissance déjà suffisante que l'on avait des autres se complète par des publications nouvelles.

C'est d'un bon augure pour la solution du problème de la langue et des inscriptions libyques, dont le déchiffrement sera d'une grande importance pour la grammaire comparée des langues ḥamitiques et sémitiques. Ces inscriptions n'ont pas donné lieu à des publications considérables pendant cette période de cinq ans : peut-être vaut-il mieux qu'il en soit ainsi et qu'on se borne à les recueillir et à les publier en attendant que notre connaissance des dialectes berbères soit plus complète. Quelques inscriptions ont été découvertes dans le voisinage de Ksour, en Tunisie[1], ainsi que dans la région au sud de la Calle[2], et à El 'Anasser et à Aourir Djissa[3].

M. Gustave Mercier a essayé d'interpréter, en s'appuyant sur la linguistique, les noms de quelques divinités du maigre panthéon libyque; les arguments qu'il donne ne sont pas assez convaincants, à mon avis, pour qu'on puisse considérer la question comme résolue et l'interprétation comme définitive[4].

Il faut mentionner ici les observations de M. Skutsch[5] à propos d'un mémoire de M. Partsch, dont j'ai parlé dans un précédent rapport, et l'article de M. Jean Capart, *On the Libyan notes*[6].

Les inscriptions libyques touchent de trop près à ce qu'on appelle *Hadjâr Mektoubât* (pierres écrites)

---

[1] *Bulletin archéologique du Comité des travaux historiques*, 1898, p. CXXIV, 327, 363.

[2] *Bulletin de l'Académie d'Hippone*, 1898, p. V, VI, XXIII, XXIV.

[3] *Inscriptions découvertes dans la province de Constantine au cours de l'année 1900*, Recueil de notices et mémoires de la Société archéologique de Constantine, Constantine, 1901, p. 281.

[4] *Les divinités libyques*, Constantine, 1901, in-8°.

[5] *Berbernnamen bei Corippus*, Byzantinische Zeitschrift, t. IX, p. 152.

[6] *The Man*, juin 1901.

ou dessins rupestres, pour ne pas faire mention du remarquable mémoire où M. Flamand, avec sa double compétence d'archéologue et de naturaliste, a classé les premières manifestations artistiques dans le nord de l'Afrique, et dont il donne des spécimens accompagnés d'une bibliographie complète du sujet[1]. Ces recherches ont pour objet des points de l'histoire de la civilisation; je me bornerai à rappeler en passant, me réservant d'y revenir plus tard, que sur la question de l'emploi très restreint et très tardif du chameau dans l'Afrique septentrionale, la linguistique, de même que l'histoire, donne raison à la théorie de M. Flamand, appuyée sur l'autorité de M. Salomon Reinach. La collection d'estampages des *pierres écrites*, rapportée par le même savant de ses missions du Sud oranais, a été déposée au Musée national des antiquités algériennes, à Mustapha[2], où se trouvent aussi diverses stèles et inscriptions libyques. M. Gustave Mercier a parlé, d'après une communication de M. Leroy, de dessins de ce genre rencontrés par la mission Foureau-Lamy, lors de son magnifique voyage[3]. M. Blan-

----

[1] G.-B. Flamand, *Hadjar mektoubat ou les pierres écrites*, Lyon, 1902, in-8°.

[2] *Catalogue illustré du Musée national des antiquités algériennes*, Alger, 1899, in-8°; compte rendu par R. Cagnat, *Revue critique*, 1900, n° 23, p. 250.

[3] *Les Mégalithes du Sahara, Recueil de notices et mémoires de la Société archéologique de Constantine*, 1901, p. 247. Cf. aussi sur les dessins du Tidek, Foureau, *D'Alger au Congo par le Tchad*, Paris, 1902, in-8°, p. 155.

chet, mort depuis si malheureusement, au retour de sa mission dans l'Adrar, avait relevé ceux qui sont dans la grotte de Cha'bah Na'jmah, dans la région de l'Oued Itel[1]. Je signalerai encore, comme se rattachant au même ordre d'idées, l'intéressant mémoire de M. le docteur Hamy, membre de l'Institut : *Laboureurs et pasteurs berbères; traditions et survivances*[2]. En ce qui concerne les recherches de ce genre, je ne puis que renvoyer aux savantes revues publiées chaque année par M. Gsell[3].

§ 2.

En fait d'études générales sur le berbère et particulièrement les dialectes modernes, je mentionnerai le rapport adressé au Congrès des orientalistes de Paris, en 1897[4], où je me suis efforcé d'énumérer, aussi complètement qu'il m'était possible, les travaux dont le berbère a été l'objet de 1891 à 1897. C'est encore dans cette catégorie que je classerai mon se-

[1] *Recueil de notices et mémoires de la Société archéologique de Constantine*, t. XXXIII, 1899, p. 294.

[2] Paris, 1900, in-8°.

[3] *Chronique archéologique africaine*, Rome, 1898, in-8°, p. 69-76; *Id.*, Rome, 1899, in-8°, p. 35-37; *Id.*, Rome, 1900, in-8°, p. 79-85. Cf. aussi Gsell, *L'Algérie dans l'antiquité*, Alger-Mustapha, 1900, in-8°, p. 5-13; *Notes d'archéologie algérienne*, Paris, 1900, in-8°, p. 5-11.

[4] R. Basset, *Rapport sur les études berbères et haoussas*, Paris, 1899, in-8°; C. R. par Barbier de Meynard, *Comptes rendus de l'Académie des Inscriptions*, nov.-déc. 1899, p. 786.

cond volume de contes berbères [1], paru dix ans après
le premier, et où j'ai rassemblé la traduction de
soixante-dix contes et chansons appartenant à divers
dialectes : Ouargla, Beni Menacer, Zenaga, Oued
Rir', Bougie, Mzab, Harakta, Oulad Bel H'alima,
A‘chacha, Chelh'a, Chaouia, Taroudant, Aït Ferah'.
Aux notes consacrées aux rapprochements des contes
et des épisodes avec leurs similaires dans les princi-
pales littératures orientales et occidentales, j'ai ajouté
un supplément concernant le premier volume. La
matière est loin d'être épuisée, et lorsque je donnerai
la troisième partie, j'aurai encore de nombreuses
additions à faire.

La langue berbère au moyen âge nous est presque
inconnue : les auteurs arabes nous ont conservé
des mots et quelques débris utiles à recueillir en
attendant la découverte de documents plus considérables. Parmi ces auteurs arabes, il faut citer le cé-
lèbre botaniste espagnol Ibn el-Beiṭâr, qui, en l'an
1219 de notre ère, quitta l'Espagne et, de Ceuta, se
rendit par terre en Égypte, en herborisant sur sa
route et en recueillant les matériaux de son *Traité
des simples*. Il a donné la synonymie indigène des
plantes qu'il ramassait et il nous a ainsi conservé des

---

[1] R. BASSET, *Nouveaux contes berbères*, Paris, 1897, in-18°; C. R.
par O. HOUDAS, *Revue critique*, 1897, t. II, p. 361; P. SÉBILLOT,
Revue des traditions populaires, t. XIII, p. 347; L. MARILLIER,
Revue de l'histoire des religions, t. XXXVII, p. 272-275; GAUDEFROY-
DEMOMBYNES, *Bulletin de la Société de géographie d'Oran*, t. XVII,
p. 452; STUMME, *Zeitschrift für afrikanische und oceanische Sprachen*,
t. III, p. 286.

spécimens des divers dialectes parlés au xiii⁰ siècle de notre ère. Ce sont ces spécimens que j'ai recueillis[1] et comparés avec les racines berbères que nous connaissons.

A ce sujet, la publication d'un manuscrit berbère de la *Modawanah* d'Ibn Ghânem, écrivain abàdhite du moyen âge, serait de la première importance. Nous ne le connaissons que par une note de M. de Motylinski[2], mieux qualifié que personne pour en donner une édition. Malheureusement, les détenteurs actuels de ce texte et de sa copie ne paraisssent pas disposés à s'en occuper.

§ 3.

Si nous passons aux dialectes berbères parlés de nos jours, en l'absence de publications sur le zénaga, nous commencerons par le Maroc. Le manuel chelh'a de M. Stumme[3] restera comme un des plus importants travaux qui aient paru sur les dialectes berbères du Maroc. Nous retrouvons dans ce livre les qualités de philologue et le scrupule, poussé quelquefois à

---

[1] R. Basset, *Les noms berbères des plantes dans le Traité des simples d'Ibn el-Beitár,* Florence, 1899, in-8°.

[2] *Note sur un manuscrit arabo-berbère découvert à Djerba, Bulletin archéologique du Comité des travaux historiques et scientifiques,* 1897, p. 246.

[3] *Handbuch des schilḥischen von Tazerwalt,* Leipzig, 1899, in-8°; C. R. par Clermont-Ganneau, *Revue critique,* 1899, t. II, p. 354; *Athenæum,* août 1900, p. 183; H. Schuchardt, *Literarisches Centralblatt,* 1900, p. 451; W. Max Müller, *Orientalistische Literaturzeitung,* t. III, p. 263; *Zeitschrift für afrikanische und oceanische Sprachen,* t. V, p. 191.

l'extrême, qui caractérisent les publications de ce savant. La valeur pratique de ce livre et l'exactitude de ses données ont été démontrées par une expérience faite dans le pays même, et un voyageur, M. Doutté, a pu, avec quelques notions sommaires de berbère, utiliser les dialogues que M. Stumme a joints à sa grammaire. Ce manuel est complet : grammaire, choix de textes, dialogues et glossaires. Quand tous les dialectes berbères auront été étudiés scientifiquement comme l'est celui du Tazeroualt, la question de leur parenté et de leur position respective sera résolue, et l'on pourra, en dégageant les caractères communs, aborder sûrement le déchiffrement et la traduction des inscriptions libyques.

C'est simplement pour mémoire que je mentionne ici l'appendice consacré au dialecte chelh'a par M. Cunningham Graham, à la suite de la relation de son voyage[1]. Après tout ce qui a été publié sur ce sujet, il était inutile de donner une liste de mots aussi courte et aussi mal transcrite que celle qui se trouve dans cet appendice absolument sans valeur.

On sait que le nord du Maroc est occupé par une population berbère à peu près indépendante du sultan de Fâs, hostile non seulement aux Européens, mais à tous les étrangers, même musulmans. Elle emploie une langue extrêmement importante au point de vue de la classification des dialectes berbères, en raison de certains phénomènes phoné-

[1] Cunningham Graham, *Mogreb* (sic) *el Acksa*, Londres, 1898, in-8°.

tiques qu'elle présente. Si, d'un côté, elle possède de même que le zouaoua le *th* et le *d'* qui manquent aux dialectes du centre comme le Mzabite, le Touareg, le Djebel Nefousi ; si elle se rapproche du Chaouia, du dialecte des Beni Menacer et du Maghreb central par les changements de fortes en douces, de *g* en *j*, de *k* en *ch* ou en *χ*, elle diffère de tous par le changement régulier de la liquide *l* en *r* ou en *d* ; par là elle se rapproche du zénaga du Sénégal, où ce *d* devient un *dj*, phénomène qui se rencontre aussi en rifain. En 1883, j'ai réussi, en parcourant la côte septentrionale du Maroc, à recueillir à Melilla, puis à Tanger et à Tétouan, des matériaux complétés par ce que me fournirent des Marocains à Relizane, à Mazouna, à Mascara, à Oran et à Arzeu. Les dialectes du Rif n'avaient jamais été étudiés dans leur ensemble : j'ai pu donner des éléments de grammaire, des textes et un double vocabulaire qui devra naturellement être complété par des recherches ultérieures[1]. Les dialectes dont il y est question sont ceux des Guelâ'ia, des Kibdana, des Beni Ouriaghel, des Bot'ioua, des Beni Sa'id et des Temsaman. En appendice, j'ai ajouté des notes sur le dialecte parlé à S. Leu (Vieil Arzeu) par une colonie de Rifains qui s'y établit dans l'avant-dernier siècle.

---

[1] R. BASSET, *Études sur les dialectes berbères du Rif marocain*, Paris, 1899, in-8° ; C. R. par BARBIER DE MEYNARD, *Comptes rendus de l'Académie des Inscriptions*, nov.-déc. 1899, p. 746 ; G. MERCIER, *Recueil des notices et mémoires de la Société archéologique de Constantine*, t. XXXIII, p. 448.

Sur la limite occidentale de l'Algérie existe au Maroc, le long de la rive gauche de l'oued Kiss, la tribu importante des Beni Iznacen dont Ibn Khaldoun fait des frères des Bot'ioua du Rif. Toutefois leur dialecte diffère de celui de ces derniers dont il n'offre pas les traits caractéristiques que je viens de signaler. Le court travail que j'ai publié à Florence[1] est destiné à le faire connaître sommairement, en attendant qu'une enquête plus complète permette de le rattacher au groupe qui anciennement était parlé dans tout l'ouest de l'Algérie, où il n'a plus aujourd'hui de représentants que celui des Beni Snous et celui des Beni bou Sa'id.

Ce dernier est encore en usage dans une tribu du cercle de Laïla Maghnia, sur la frontière marocaine, et j'ai eu l'occasion de l'étudier sommairement au cours d'une mission que m'avait confiée, en 1900, le Gouverneur général de l'Algérie[2]. En le comparant aux mots conservés par la toponymie de la région, on reconnaît aisément la parenté de ce dialecte avec l'ancien idiome employé chez les Koumia

[1] R. Basset, *Notice sur le dialecte berbère des Beni Iznacen*, Florence, 1898, in-8°.

[2] R. Basset, *Nedromah et les Traras*, Paris, 1901, in-8°; app. I, p. 130-157; C. R. par Barbier de Meynard, *Comptes rendus de l'Académie des Inscriptions*, nov.-déc. 1901, p. 850; De Goeje, *Journal asiatique*, 9ᵉ série, t. XIX, janv.-févr. 1902, p. 171; Goldziher, *Revue de l'histoire des religions*, t. XLV, p. 208; Gaudefroy Demombynes, *Revue critique*, 1902, t. I, p. 243; Mesplé, *Bulletin de la Société de géographie d'Alger*, 6ᵉ année, 1901, p. 585; Bel., *Bulletin de la Société de géographie d'Oran*, t. XXI, 1901, p. 322; Guidi, *Giorn. della Soc. asiat. ital.*, t. XV, 1902, p. 203.

qui jouèrent un si grand rôle dans l'histoire des Almohades.

Comme d'ordinaire, le zouaoua a été l'objet d'un assez grand nombre de publications de valeur diverse. Le petit traité de grammaire du P. Vidal[1], composé et imprimé par lui, pourrait rendre des services si l'auteur avait tenu compte des différences entre les aspirées, différences qu'il avait signalées lui-même. En raison de l'incertitude de la transcription, les mots que contiennent les exercices et les dialogues devront être contrôlés avec l'aide d'un indigène des Aïth Yenni.

Le dictionnaire de Huyghe[2], dont j'ai parlé précédemment, a eu les honneurs d'une seconde édition. Les observations que j'ai faites sur sa rédaction et son mode de transcription subsistent toujours, mais en l'absence d'autre lexique, celui-ci peut rendre des services.

Comme texte zouaoua, je dois signaler la publication, malheureusement inachevée, de Le Blanc de Prébois[3]. Les sept contes qu'elle renferme sont d'une lecture courante, rédigés dans une langue correcte et la traduction qui les accompagne rendra service aux folk-loristes. Une autre série de contes, beaucoup plus importante, mais d'un accès plus difficile,

---

[1] *Manuel français-kabyle,* Aït-Larba (Beni Yenni), imprimerie S. Joseph du Jurjura, in-18.

[2] *Dictionnaire kabyle-français,* Alger, 1901, in-8°.

[3] *Essai de contes kabyles,* Batna, 1897, 2 fasc. in-8".

car le texte seul a paru, est la suite des *Légendes et contes merveilleux de la Grande Kabylie*[1], de M. Mouliéras. Ces récits sont, pour la plupart, visiblement influencés par l'arabe; il n'en est pas moins vrai que lorsque cette œuvre aura complètement paru, elle formera un recueil important de textes de provenance sûre, et cette importance sera encore accrue si l'auteur ajoute la traduction, les notes et le glossaire qu'il annonçait au début; ces deux fascicules contiennent vingt-six contes d'inégale longueur.

Les manifestations de l'esprit littéraire en Kabylie ne sont pas variées : des contes et des chansons. C'est à cette seconde catégorie qu'appartient le volume publié par M. Luciani avec sa méthode et son soin habituels[2]. Les chansons composées par Smaïl Azikkiou, de la tribu des Beni Zikki, dans le Haut Sebaou, ont surtout un caractère satirique : dans la plupart, il blâme l'insurrection de 1871[3] tout en regrettant les insurgés qui succombèrent; dans d'autres il passe en revue, mais sans bienveillance aucune, l'institution des djema'a et des juges de paix; il termine par une pétition pour implorer un adoucissement des charges.

Deux ouvrages sur le mzabite ont paru pendant cette période, bien inférieurs à ce qui avait été pu-

---

[1] Tome II, fasc. 1-3, Paris, 1897-1898, in-8°.

[2] Smaïl Azikkiou, *Chansons kabyles*, Alger, 1899, in-8°.

[3] Cf. R. Basset, *L'insurrection algérienne de 1871 dans les chansons populaires kabyles*, Louvain, 1892, in-8°.

blié dans la période précédente. Le premier est une grammaire mzabite composée par un Kabyle, interprète judiciaire, avec la collaboration d'un Mzabite[1]. L'auteur a cru devoir compliquer la transcription en employant l'*e* muet. Le vocabulaire pourra rendre quelques services en tenant compte de l'orthographe singulière des mots. Le second ouvrage est bien supérieur à celui-ci, quoiqu'il y ait de nombreuses critiques à lui adresser[2]. Ce n'est pas, quoi qu'en dise l'auteur, une grammaire complète de la langue mzabite : c'est la grammaire spéciale d'un dialecte, et non des plus purs, de la confédération du Mzab, celui de Guerara. En outre, l'informateur de M. Gourliau avait passé de longues années dans le Tell; la langue employée est donc moins pure que celle qui a cours dans le k'çar de Guerara et beaucoup plus mêlée d'arabe : on le voit par les textes et le vocabulaire qui terminent cet ouvrage. C'est un essai, fort louable sans doute, mais qui aura besoin d'une revision attentive.

Le Chaouïa de l'Aourâs, ce bloc de montagnes qui fut si longtemps le rempart de l'indépendance berbère, a été de nouveau l'objet des recherches de M. Gustave Mercier qui lui avait déjà consacré un mémoire important dont j'ai parlé ailleurs. Dans un pre-

---

[1] AMEUR NOUR BEN SI LOUNIS, *Grammaire mzabite,* Alger, 1897, in-8°.

[2] E. GOURLIAU, *Grammaire complète* (sic) *de la langue mzabite,* Miliana, 1898, in-8°; C. R. par R. BASSET, *Revue critique,* 1899, t. II, p. 257.

mier travail[1], il étudie les traces qu'ont laissées dans la toponymie de la région les dialectes berbères qui y ont été ou y sont encore parlés. Après avoir posé les bases de son enquête et établi les principes qui doivent guider les recherches, il donne un vocabulaire des noms propres qu'il rapproche des mots et des racines berbères qu'on connaît aujourd'hui. Il est bien entendu que toutes les dénominations actuelles n'ont pu être expliquées : toutes sont-elles même berbères? Ce qu'on peut dire, c'est qu'elles ne sont ni latines, ni grecques, ni arabes, ni puniques, et qu'il est plus que vraisemblable que la plus grande partie, sinon la totalité, doit se rattacher au berbère. Ce sont des travaux de ce genre, entrepris sans idées préconçues et exécutés avec prudence et méthode, qui aideront à démêler le difficile problème des antiquités libyques : il est à désirer que cette enquête s'étende à toute l'Afrique du Nord où le berbère a été parlé.

Le second travail de M. Mercier[2] est une continuation de ce qu'il a donné il y a cinq ans dans le *Bulletin de correspondance africaine*, publié par l'École

---

[1] *Étude sur la toponymie berbère de la région de l'Aurès*, Paris, 1899, in-8°; C. R. par BARBIER DE MEYNARD, *Comptes rendus de l'Académie des inscriptions*, nov.-déc. 1899, p. 787; DE MOTYLINSKI, *Recueil des notices et mémoires de la Société archéologique de Constantine*, t. XXXIII, p. 455.

[2] *Cinq textes berbères en dialecte chaouïa*, Paris, 1900, in-8°; C. R. par R. BASSET, *Revue des traditions populaires*, t. XVI, 1901, p. 274; GOYT, *Bulletin de la Société de géographie et d'archéologie d'Oran*, t. XXI, 1901, p. 98.

des lettres d'Alger. Cette nouvelle contribution comprend cinq textes recueillis à Tkout, au nord-est de Biskra, en plein Aourâs, dans le dialecte chaouïa de l'Ahmar Khaddou. Les textes sont accompagnés de notes grammaticales et d'une traduction : le premier, qui a trait à la vénération des Chaouias pour le geai, pourrait présenter des traces de totémisme ; les suivants sont des contes dont on trouve des analogues soit dans tout l'ancien monde (*la Femme du sultan et le vizir*), soit chez les Arabes, les Berbères et les Bicharyeh de l'Afrique septentrionale (*Histoire du soufi et du targui*). Enfin le dernier texte est un épisode de la geste de la conquête de l'Afrique du Nord par les Arabes hilaliens du xıᵉ siècle. La provenance de cet épisode est arabe bien qu'on ne le rencontre pas dans les recensions imprimées jusqu'à ce jour.

Le dialecte parlé à Djerbah par les descendants des Abadhites de Tagdemt, déportés par les Fatimites, mais restés fidèles à la langue et à la religion de leurs ancêtres, mériterait une enquête spéciale et approfondie. En attendant ce travail, il faut signaler la récente publication de M. de Motylinski[1], si compétent en ce qui concerne les Abadhites. Le dialogue nous initie aux mœurs et aux industries de ces populations : les deux contes qui suivent sont du domaine du folk-lore universel.

---

[1] *Dialogue et textes en dialecte de Djerbah*, Paris, 1898, in-8°; C. R. par R. Basset, *Revue des traditions populaires*, t. XIII, 1898, p. 283.

Jusqu'à présent le dialecte des K'çour tunisiens n'était connu que par un court travail que j'avais publié à Woking, en 1892. Grâce à M. Stumme, nous possédons une collection importante de textes recueillis à Tunis même, de la bouche de deux indigènes de Tamezratt[1]. Les contes dont elles se composent et qui sont au nombre de vingt-six, forment une utile contribution au folk-lore et naturellement à la linguistique berbère. On s'en rendra compte aisément en pensant que ce dialecte forme l'anneau principal de la chaîne qui relie ceux de l'Algérie du sud à ceux de la Tripolitaine. La valeur de ces textes sera encore augmentée par la publication de la grammaire annoncée par M. Stumme.

De même que celui des Abadhites de Djerbah, le dialecte des Abadhites du Djebel Nefousa a une grande importance, car c'est le seul qui possède avec le chelh'a du Maroc une sorte de littérature, et fait partie du domaine si heureusement exploité par M. de Motylinski. Il y a dix-sept ans, il avait fait rédiger par un homme de cette région une description de ce pays si peu visité et où l'on trouve des ruines romaines chrétiennes en même temps que des souvenirs de la prospérité de l'État abadhite au moyen âge. Mais cette version, rédigée dans le dialecte du pays et publiée seulement en transcription arabe, offrait de grandes difficultés au berbérisant,

---

[1] Stumme, *Märchen der Berbern von Tamezratt*, Leipzig, 1900, in-4°; C. R. par A. von Schulenburg, *Literarisches Centralblatt*, 1900, p. 1782; R. Basset, *Revue critique*, 1901, t. II, p. 162.

aussi bien qu'à l'historien et au géographe. Revenant
sur ce texte, M. de Motylinski en a publié la transcription en caractères latins et la traduction fran-
çaise avec des notes importantes[1]. Il l'a fait précéder
d'une introduction et d'une notice grammaticale
aussi claires que bien coordonnées et a complété
son ouvrage par un lexique français-nefousa d'une
grande utilité pour ceux qui voudront comparer ce
dialecte aux autres. Le mérite de cet ouvrage a été
apprécié et, en 1899, l'Institut lui a décerné une de
ses plus hautes récompenses, le prix Volney.

Comme complément à l'ouvrage de M. de Motylinski, je rappellerai mon mémoire sur les *Sanctuaires
de Djebel Nefousa*[2], où, prenant pour base un itiné-
raire du xviᵉ siècle, analogue pour la forme et l'inspi-
ration à ceux qu'on dressait au commencement du
moyen âge à l'usage des pèlerins chrétiens qui allaient
visiter la Palestine, j'ai eu l'occasion de traiter quelques points de linguistique, à propos de noms propres
appartenant au dialecte berbère du Djebel Nefousa.

---

[1] DE CALASSANTI-MOTYLINSKI, *Le Djebel-Nefousa*, fasc. 1-3, Paris,
1898-1899, in-8°, forme le tome XXII du *Bulletin de Correspondance
africaine;* C. R. par BARBIER DE MEYNARD, *Comptes rendus de l'Académie des inscriptions,* juillet-août 1899, p. 451; R. BASSET, *Revue
critique,* 1899, t. II, p. 259; G. MERCIER, *Recueil des notices et mémoires de la Société archéologique de Constantine,* t. XXXIII, p. 449.

[2] Paris, 1899, in-8°; C. R. par CAGNAT, *Comptes rendus de l'Académie des Inscriptions,* avril 1900, p. 148; GOLDZIHER, *Revue de
l'histoire des religions,* t. XLI, p. 398-401; HOUDAS, *Revue critique,*
1900, t. II, p. 221; GUIDI, *Giornale della Società asiatica italiana,*
t. XIV, 1901, p. 268; DE MOTYLINSKI, *Recueil de notices et mémoires de la Société archéologique de Constantine,* t. XXXIII, p. 354.

Le touareg a été peu étudié pendant cette période : je trouve à signaler en première ligne, une étude où M. de Motylinski a interprété avec une grande sagacité les légendes gravées sur deux anneaux de pierre que les Touaregs portent au bras droit [1]. une courte note de M. A. Bouillet [2] sur les inscriptions touaregs trouvées au Djenaïnet, et la contre-partie du dictionnaire français-tamaheq de M. Cidkaoui [3] que j'ai signalé dans le précédent rapport. Il présente les mêmes défauts, dont le plus grave, c'est que ce dictionnaire — dont le dialecte n'est pas précisé — a été fait, non pas d'après des Touaregs, comme celui de M. Masqueray, mais d'après des Arabes parlant le touareg. J'ajouterai qu'il n'est nullement rédigé ni classé au point de vue scientifique; mais, il y a plus : l'auteur semble supposer dans sa préface que ce dictionnaire, où les mots sont classés d'après l'alphabet rudimentaire touareg, pourra être consulté par des commerçants qui ignorent ou du moins ne connaissent qu'imparfaitement les règles grammaticales.

§ 4.

En ce qui concerne le haoussa, je citerai comme travail d'ensemble mon rapport sur les ouvrages parus sur cette langue, de 1891 à 1897 [4].

---

[1] *Note sur deux bracelets touaregs*, Constantine, 1902, in-8°.

[2] *Bulletin de la Société nationale des antiquaires de France*, 1899, p. 355-357.

[3] *Dictionnaire pratique tamâheq-français*, Alger, 1900, in-4°.

[4] *Rapport sur les études berbères et haoussa*, Paris, 1899, in-8°.

La grammaire a été l'objet de plusieurs publications : la première du Dr Robinson[1], dont l'introduction laisse à désirer au point de vue des informations générales sur les langues voisines, mais qui ne manquera pas de rendre service au point de vue pratique, malgré sa concision et le choix peu heureux de certains morceaux de la chrestomathie. J'en dirai autant de l'ouvrage de M. Walter R. Miller[2] auquel on peut reprocher son manque de méthode, et de celui d'E. Marré[3] qui est loin d'être correct. Sous ce rapport, le *Manuel de la langue haoussa*, de M. Delafosse[4], est préférable. Ni les uns ni les autres ne sont d'ailleurs des ouvrages scientifiques et nous en sommes encore à attendre le livre de M. Lippert qui comblera, à ce point de vue, une lacune considérable.

L'ouvrage le plus important qui, pendant cette période, ait paru sur cette langue est assurément le dictionnaire de M. Robinson[5], non pas qu'il soit, comme le prétend l'auteur, plus complet que celui de Schœn, mais il nous donne la prononciation actuelle, recueillie sur place lors d'un voyage à Sokoto dont je parlais dans le précédent rapport. M. Ro-

[1] *Hausa Grammar*, Londres, 1897, petit in-8°; C. R. dans le *Bolletino della Società geografica italiana*, t. X, 1897, p. 471.

[2] *Hausa Notes*, Londres, 1902, in-8°.

[3] *Die Sprache der Hausa*, Vienne, Pest et Leipzig, s. d., in-12, t. II, p. 293.

[4] Paris, 1901, in-12. C. R. par R. BASSET, *Revue critique*, 1902, t. II, p. 293.

[5] *Dictionnary of the hausa language*, t. I, *Hausa-english*, Cambridge, 1899, in-8°; t. II, *English-hausa*. Cambridge, 1900, in-8°.

binson qui, dans l'appendice de sa relation de voyage,
s'était montré si sévère pour ses devanciers, est loin
d'être à l'abri de tout reproche : sa médiocre connaissance de l'arabe et la valeur de son dictionnaire
ont été discutées de la façon la plus sûre par M. Lippert, dans le compte rendu qu'il en a donné[1].

J'aurai terminé avec la grammaire et la lexico-
logie quand j'aurai signalé les ingénieuses observations de M. Lippert sur Turre-Ssangha, les noms des
mois en haoussa et les *'Ichrinyât*[2], et une note de
M. Galtier sur *le pronom affixe de la première personne
du singulier*[3], où il a reconstitué le thème prono-
minal *a* au lieu de *na* et *ta* adoptés par Schœn.

Les textes, en dehors de ceux qui composent les
chrestomathies des manuels mentionnés plus haut,
et qui sont empruntés à des publications antérieures,
font défaut pour cette période. J'indiquerai, cepen-
dant, la traduction de quatre contes haoussas, publiée par M. Gottlob Adolf Krause, dans ses *Beitrœge
zur Märchenschatz der Afrikaner*[1].

---

[1] *Mittheilungen der Seminars für orientalische Sprachen zu Berlin*,
4ᵉ année, 1901, fasc. 3, p. 280-287.

[2] Lippert, *Sudanica, Mittheilungen der Seminars für orientalische Sprachen*, 3ᵉ année, 1900, 3ᵉ fasc., p. 198-207.

[3] *Actes du XIᵉ Congrès international des Orientalistes* (Paris).
Paris, 1899, in-8°, section V, p. 209-213.

[4] *Globus*, t. LXXII, n° 16, p. 254-257.

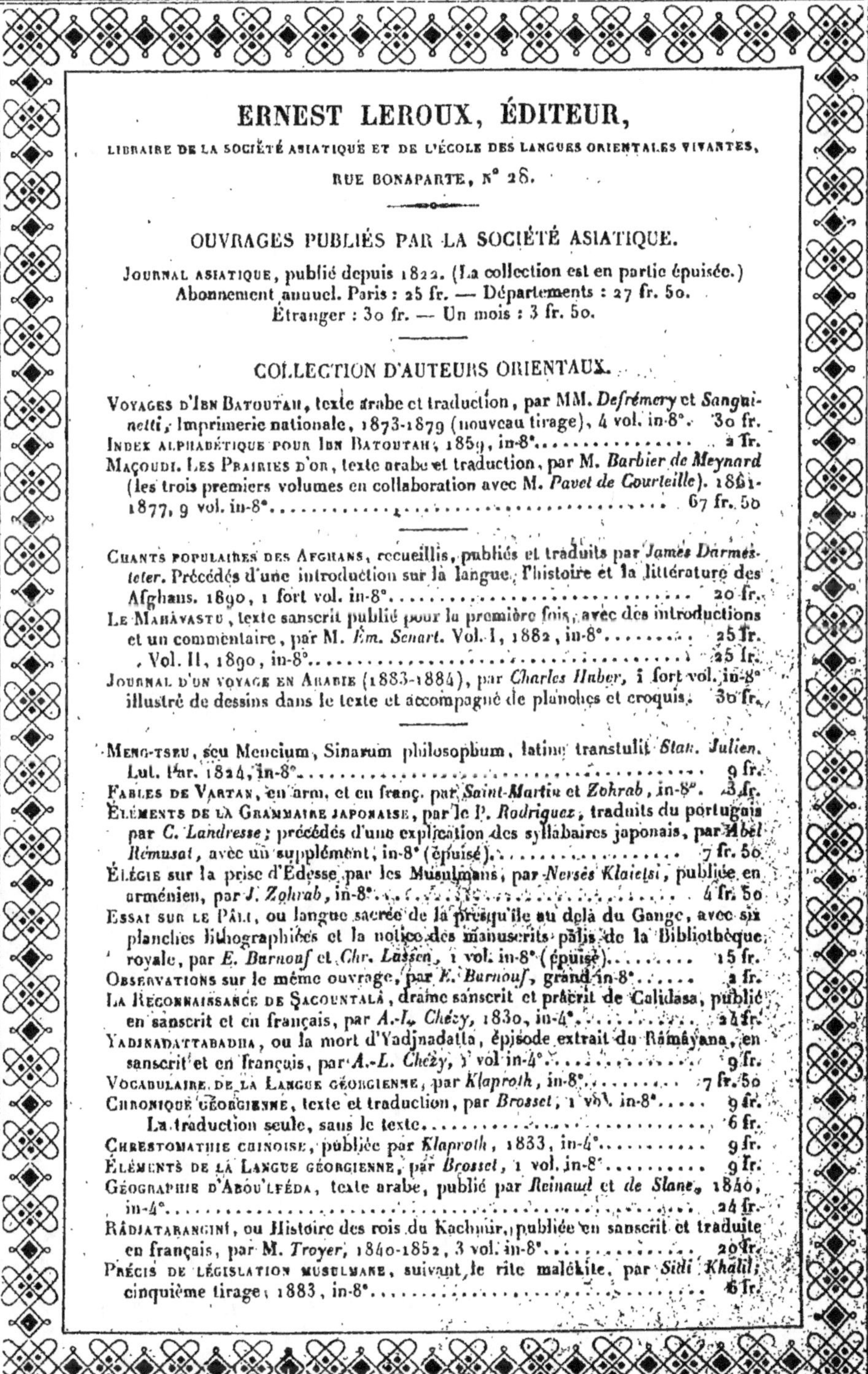

ERNEST LEROUX, ÉDITEUR,

LIBRAIRE DE LA SOCIÉTÉ ASIATIQUE ET DE L'ÉCOLE DES LANGUES ORIENTALES VIVANTES,

RUE BONAPARTE, N° 28.

OUVRAGES PUBLIÉS PAR LA SOCIÉTÉ ASIATIQUE.

JOURNAL ASIATIQUE, publié depuis 1822. (La collection est en partie épuisée.)
Abonnement annuel. Paris : 25 fr. — Départements : 27 fr. 50.
Étranger : 30 fr. — Un mois : 3 fr. 50.

COLLECTION D'AUTEURS ORIENTAUX.

VOYAGES D'IBN BATOUTAH, texte arabe et traduction, par MM. *Defrémery* et *Sanguinetti*, Imprimerie nationale, 1873-1879 (nouveau tirage), 4 vol. in-8°. 30 fr.
INDEX ALPHABÉTIQUE POUR IBN BATOUTAH, 1859, in-8°............ 2 fr.
MAÇOUDI. LES PRAIRIES D'OR, texte arabe et traduction, par M. *Barbier de Meynard*
(les trois premiers volumes en collaboration avec M. *Pavet de Courteille*). 1861-
1877, 9 vol. in-8°............................. 67 fr. 50

CHANTS POPULAIRES DES AFGHANS, recueillis, publiés et traduits par *James Darmesteter.* Précédés d'une introduction sur la langue, l'histoire et la littérature des
Afghans. 1890, 1 fort vol. in-8°................... 20 fr.
LE MAHÂVASTU, texte sanscrit publié pour la première fois, avec des introductions
et un commentaire, par M. *Ém. Senart.* Vol. I, 1882, in-8°........ 25 fr.
 . Vol. II, 1890, in-8°........................... 25 fr.
JOURNAL D'UN VOYAGE EN ARABIE (1883-1884), par *Charles Huber*, 1 fort vol. in-8°
illustré de dessins dans le texte et accompagné de planches et croquis. 30 fr.

MENG-TSEU, seu Mencium, Sinarum philosophum, latine transtulit *Stan. Julien.*
Lut. Par. 1824, in-8°........................... 9 fr.
FABLES DE VARTAN, en arm. et en franç. par *Saint-Martin* et *Zohrab*, in-8°. 3 fr.
ÉLÉMENTS DE LA GRAMMAIRE JAPONAISE, par le P. *Rodriguez*, traduits du portugais
par *C. Landresse*; précédés d'une explication des syllabaires japonais, par *Abel
Rémusat*, avec un supplément, in-8° (épuisé)........... 7 fr. 50
ÉLÉGIE SUR LA PRISE D'ÉDESSE PAR LES MUSULMANS, par *Nersès Klaïetsi*, publiée en
arménien, par *J. Zohrab*, in-8°..................... 4 fr. 50
ESSAI SUR LE PÂLI, ou langue sacrée de la presqu'île au delà du Gange, avec six
planches lithographiées et la notice des manuscrits pâlis de la Bibliothèque
royale, par *E. Burnouf* et *Chr. Lassen*, 1 vol. in-8° (épuisé).... 15 fr.
OBSERVATIONS sur le même ouvrage, par *E. Burnouf*, grand in-8°...... 2 fr.
LA RECONNAISSANCE DE SACOUNTALÂ, drame sanscrit et prâcrit de Calidasa, publié
en sanscrit et en français, par *A.-L. Chézy*, 1830, in-4°...... 24 fr.
YADJNADATTABADHA, ou la mort d'Yadjnadatta, épisode extrait du Rámáyana, en
sanscrit et en français, par *A.-L. Chézy*, 1 vol in-4°.......... 9 fr.
VOCABULAIRE DE LA LANGUE GÉORGIENNE, par *Klaproth*, in-8°..... 7 fr. 50
CHRONIQUE GÉORGIENNE, texte et traduction, par *Brosset*, 1 vol. in-8°..... 9 fr.
 La traduction seule, sans le texte................... 6 fr.
CHRESTOMATHIE CHINOISE, publiée par *Klaproth*, 1833, in-4°....... 9 fr.
ÉLÉMENTS DE LA LANGUE GÉORGIENNE, par *Brosset*, 1 vol. in-8°........ 9 fr.
GÉOGRAPHIE D'ABOU'LFÉDA, texte arabe, publié par *Reinaud* et *de Slane*, 1840,
in-4°.............................. 24 fr.
RÂDJATARANGINÎ, ou Histoire des rois du Kachmir, publiée en sanscrit et traduite
en français, par M. *Troyer*, 1840-1852, 3 vol. in-8°............ 20 fr.
PRÉCIS DE LÉGISLATION MUSULMANE, suivant le rite malékite, par *Sidi Khalil*,
cinquième tirage, 1883, in-8°..................... 6 fr.